글쓰기 논술 쓰마⁺ 1단계 -- 2

철학 박사 **박우현** 책임 감수
글쓰기전략연구회 **쓰마와 하마** 지음 · 한차연 그림

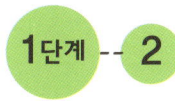

머리말

나를 위한 글쓰기 - 쓰마!

글쓰기는 과정입니다. 나만의 사고와 느낌이 중요합니다. 글쓰기에서는 어떤 글자를 얼마나 많이 썼느냐가 중요하지 않습니다. 내 생각을 어떻게 쓰고 있느냐가 중요합니다.

모든 글쓰기는 궁극적으로 나를 위한 글쓰기입니다. 이 책은 결과 중심 글쓰기 교재가 아닙니다. 과정 중심 글쓰기 논술 교재입니다. 과정 중심에는 '나'가 있습니다.

글쓰기는 자신감입니다. 이 책은 '도입-기초-발전-심화-나만의 글쓰기'로 구성되어 있습니다. 차례대로 글을 쓰다 보면 은은하게 다가오는 황홀감을 느낄 수 있습니다. 글쓰기 초보자도 자신감이 생깁니다.

글쓰기는 가치 있는 창의력을 배경으로 합니다. 이 책에는 초등학교 국어 교과가 녹아들어 있습니다. 갑작스럽게 다가오는 즐거움을 국어 시간에도 느낄 수 있습니다.

이 교재는 방과 후 학교 교재로도 좋고, 엄마와 함께해도 좋습니다. 질문이 분명하여 학생들이 즐거운 마음으로 할 수 있기 때문입니다.

독서 지도와 함께하면 더욱 좋습니다. 이 책은 독서 지도 교재가 아닙니다. 글쓰기 논술 교재입니다. 그러나 글쓰기도 독서를 위한 행위입니다. 글을 잘 쓰려면 많이 읽어야 합니다.

어린이를 위한 모든 교재는 선생님 중심이 아니라 어린이 중심이어야 합니다. 과정 중심 글쓰기 논술 교재는 학습자 중심의 교재입니다.

철학 박사 박우현

이 책의 특징

1. 생각을 열어 준다!

글쓰기는 생각을 여는 데서 시작합니다. 어린이가 닫힌 생각을 스스로 열고 글쓰기에 대한 두려움을 떨치게끔, 예시를 통해 학습 목표에 차근차근 다가가도록 구성하였습니다.

2. 생각을 키워 준다!

생각을 키우는 가장 좋은 방법 중 하나는 여러 가지 종류의 다양한 글을 읽고, 느끼고, 생각하는 것입니다. 《글쓰기 논술 쓰마》는 초등 교과 과정에 맞는 다양한 예문과 마인드맵 등을 통해 생각이 자라게끔 꾸몄습니다.

3. 생각을 펼쳐 준다!

나만의 글쓰기를 하려면 생각을 잘 정리해야 합니다. 생각을 열고(도입과 기초), 생각을 키우고(발전), 생각을 펼치는(심화)과정을 거치면서 자연스럽게 생각이 정리되고 마음껏 글로 펼쳐 쓸 수 있습니다.

4. 생각을 다져 준다!

총 3단계 7과정으로 구성된 《글쓰기 논술 쓰마》는 어린이의 글쓰기 개별 능력에 따라 학습이 이루어지도록 꾸민 체계적인 교재입니다. 학습 능력 단계에 맞춰 과정을 밟으면 생각이 다져지고 아울러 글을 쓰는 힘이 쑥쑥 길러집니다.

5. 생각을 쓰게 한다!

글을 잘쓰려면 써 봐야 합니다. 그래야 자신감을 가지고 글을 쓸 수 있습니다. 《글쓰기 논술 쓰마》는 글 쓰는 지면을 많이 둔 글쓰기 중심 교재입니다.

차례

상상 쓰기 ······ 5

겪은 일 쓰기 ······ 13

표현 쓰기(동시) ······ 21

느낌 쓰기 ······ 29

비교 쓰기 ······ 37

정보 쓰기(소개) ······ 45

의견 쓰기 ······ 53

마인드맵 ······ 61

읽고 느낀 점 쓰기 ······ 69

쓰마랑 함께하는 멋진 명언 ······ 77

생각 동화 하마의 선택 ······ 78

쓰마와 꼭 알아야 할 틀리기 쉬운 우리말 ······ 80

상상 쓰기

상상 쓰기는 가고 싶은 곳이나, 만나고 싶은 사람 등
생각했던 일을 바탕으로 쓰는 글이에요.
만나고 싶었던 이야기 속 주인공을 떠올리며
상상 쓰기를 하면 더 재미있을 거예요.

 학습 목표
1. 체험의 종류를 알 수 있다.
2. 체험한 내용을 정리할 수 있다.
3. 새로 알게 된 내용을 글로 쓸 수 있다.

그림을 보고 상상해서 써요

1 다음 그림을 보고 떠오르는 생각을 써 보세요.

(1) 고양이가 어항 속 물고기를 쳐다보고 있다.

상상한 내용 : 고양이가 물고기를 잡아먹을 것 같다.

(2) 펭귄 한 마리가 용감하게 먼저 물속으로 뛰어들었다.

상상한 내용 :

(3) 외나무다리 한가운데에서 다람쥐와 거북이가 만났다.

상상한 내용 :

그림 보고 상상하기

- **상상** : 마음속으로 그리며 미루어 생각하는것.
- **그림 보고 떠오르는 생각 쓰기** : 그림의 내용을 먼저 파악하고, 그림의 내용을 바탕으로 앞으로 어떤 일이 일어날지 상상한 뒤에 쓰세요.

2 내가 그림 속 주인공이라면 어떤 생각을 했을지 상상해서 써 보세요.

내가 만약 물방울 속에 들어갔다면 : 물방울을 타고 하늘 높이 올라가서 구름을 만날 것이다.

내가 만약 북극에 갔다면 :

 그림을 보고 상상하기가 쉬웠나요?

그림을 보고 상상하여 짧은 이야기를 만들어요

1. 다음 그림을 보고 이야기의 차례를 정한 뒤 상상하여 짧은 이야기를 만들어 보세요.

- 이야기의 차례 : (   ) → (   ) → (   )

- 일어난 일 : 장난감 가게에서 형과 동생이 멋진 장난감을 샀어요. 형과 동생은 기분이 좋아서 서로 어깨동무를 하고 웃었어요.

Tip 차례를 정해 이야기 만들기

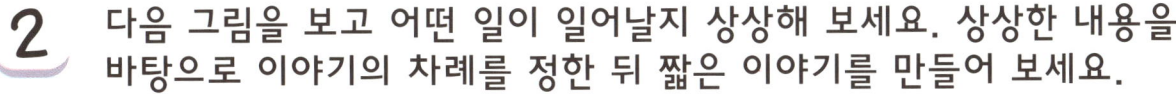

- **이야기의 차례 :** 어떤 일이 먼저 일어나고, 나중에 일어날지 이야기의 순서를 정하는것.
- 같은 그림이지만 차례를 어떻게 정하느냐에 따라 다른 이야기가 될 수 있어요.

2 다음 그림을 보고 어떤 일이 일어날지 상상해 보세요. 상상한 내용을 바탕으로 이야기의 차례를 정한 뒤 짧은 이야기를 만들어 보세요.

①

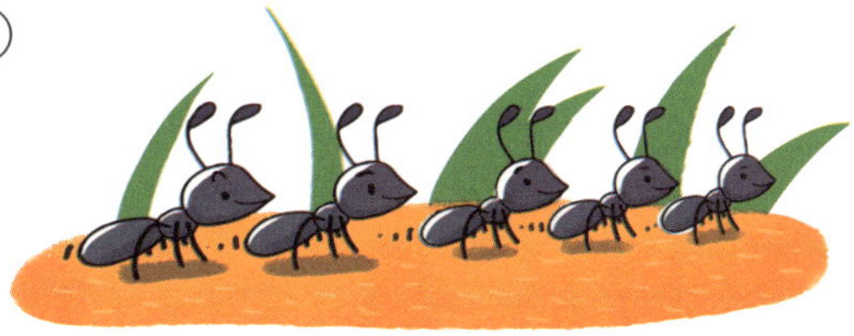

②

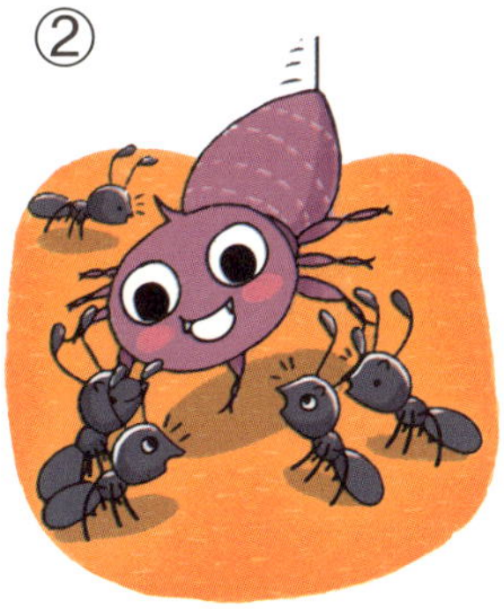

③

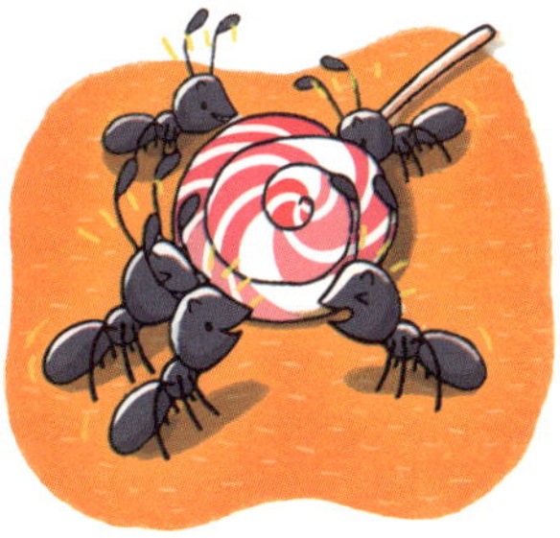

- 이야기의 차례 : (   ) → (   ) → (   )
- 상상한 이야기 : ____________________

____

____

____

____

①

③

②

- 이야기의 차례 : (   ) → (   ) → (   )
- 상상한 이야기 : ____________________

____

____

____

____

잠깐 그림을 보고 차례를 정했나요? 이야기 만들기가 잘 되었나요?

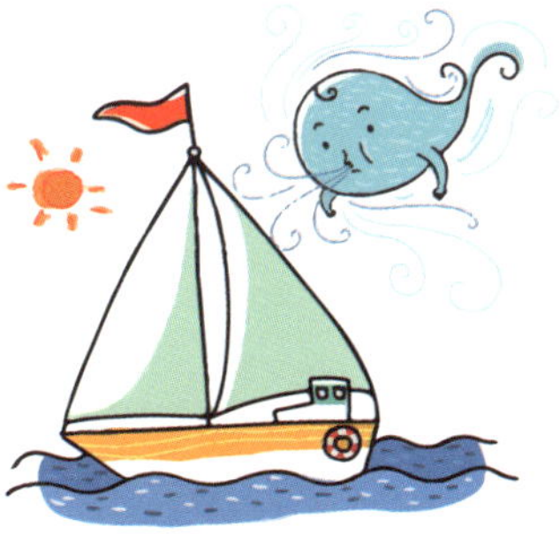

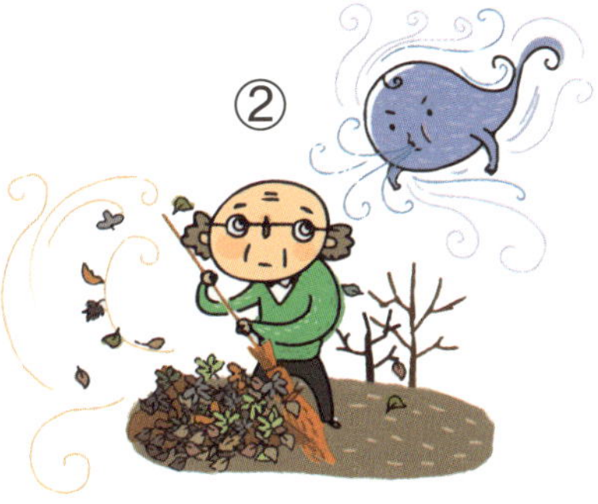

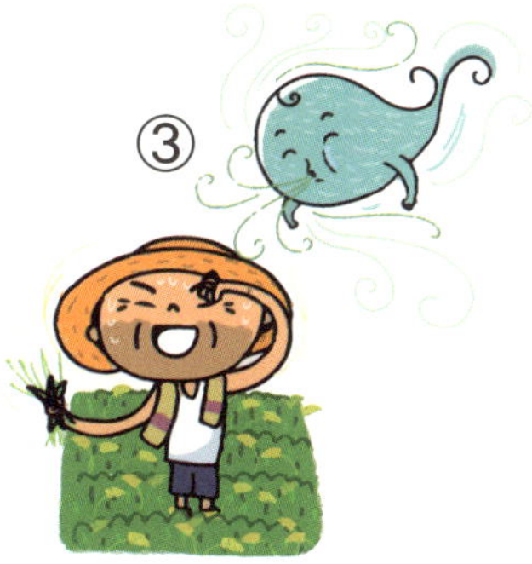

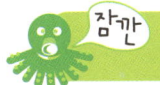

주인공을 떠올리며 재미있는 상상을 해요

1. 이야기 속 주인공들이 모여 있어요. 가장 만나고 싶은 주인공은 누구인가요?

〈강아지 똥〉

〈피터 팬〉

〈도깨비〉

〈산타클로스〉

〈토끼와 거북〉

〈혹부리 영감님〉

Tip 뒷이야기 상상하기

- 먼저 전체 이야기의 내용을 정리한 뒤 등장인물의 성격을 떠올려 보세요. 그러면 뒷이야기를 쉽게 상상할 수 있을 거예요.
- 흉내내는 말이나 대화글을 쓰면 이야기를 더욱 실감나게 쓸 수 있어요.

(1) 내가 만나고 싶은 주인공은 _____ 입니다.

(2) 그 주인공을 만나고 싶은 이유는 무엇인가요?

_____

_____

_____

(3) 그 주인공에게 하고 싶었던 말을 써 보세요.

_____

_____

_____

 그림 속 주인공이 나왔던 이야기의 내용을 떠올려 보세요. 그때 어떤 생각을 했었는지 떠올려 보면 상상 쓰기가 더 쉬워져요.

> **Tip** 재미있는 상상 쓰기를 하려면
> - '내가 만약…'이라는 질문을 하며 상상해 보세요.
> - 만나고 싶었던 사람, 가보고 싶었던 곳, 하고 싶었던 일 등을 떠올려 보세요.

(4) 그 주인공과 하고 싶은 일은 무엇인지 써 보세요.

----

(5) (1)번부터 (4)번까지 상상한 내용을 바탕으로 재미있는 상상 쓰기를 해 보세요.

| 나는 이야기 속 주인공 _____ 를 만났어요. |

 **잠깐** 이야기 속 주인공과 무엇을 하고 싶은지 떠올랐나요? 떠오른 생각을 글로 쓰기 쉬웠나요?

겪은 일 쓰기

일기는 오늘 하루 있었던 일이나 생각나는 것을 글감으로 쓴 글이에요. 즐거웠거나 슬펐던 일, 신기했거나 놀랐던 일, 감동 받았거나 화났던 일 등 특별한 일들을 중심으로 쓰는 거랍니다. 그리고 그 일에 대한 내 생각이나 느낌, 반성과 계획을 써요.

 학습 목표
1. 오늘 하루 있었던 일 중에서 적당한 글감을 고를 수 있다.
2. 일기에 제목을 붙일 수 있다.
3. 하루 일과를 자세하게 쓸 수 있다.

오늘 일어난 일을 떠올리며 글감을 찾아요

1 '무슨 일이 있었지?' 오늘 있었던 일을 떠올리며 일과표를 만들어 보세요.

2 오늘 가장 기억에 남는 일은 무엇인가요?

(1) --

(2) --

Tip 일기 글감을 고르는 방법

- 일기는 오늘 일어난 일 중에서 가장 기억에 남는 일을 쓰는 거예요.
- 즐거웠던 일, 슬펐던 일, 화났던 일, 억울했던 일, 속상했던 일, 착한 일, 칭찬받은 일, 나쁜 일, 감동 받은 일 등 가장 기억에 남는 일을 떠올려 보세요.

3. 오늘 가장 기억에 남는 일을 떠올리며 한 문장으로 쓰고, 느낌도 써 보세요.

보기

학교에서 있었던 일

일어난 일 :

미술 시간에 가위를 갖고 오지 않아 지연이에게 가위를 빌렸다.

느낌 :

가위를 빌려준 지연이가 고마웠다.

(1) **태권도 도장에서 있었던 일**

일어난 일 : 태권도 도장에서 현수와 장난치다가 사범님한테 꾸중들었다.

느낌 :

(2) **(   )에서 있었던 일**

일어난 일 :

느낌 :

생각을 키워요 : 오늘 일어난 일을 자세히 써요

1 철민이의 그림일기를 보고 물음에 답해 보세요.

(1) 언제, 어디에서 있었던 일인가요?

----

(2) 그때 철민이는 어떻게 했나요?

----

(3) 철민이의 마음이 되어 그림일기를 써 보세요.

Tip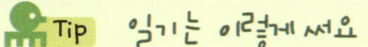

- 자세하게 써요. • 솔직하게 써요. • 날짜, 요일, 날씨는 꼭 써요. • 제목을 붙여요.
- '나는', '오늘은'처럼 반복되는 말은 쓰지 않아요. • 실감나게 표현하기 위해 대화글을 써요.
- 자신의 생각이나 느낌, 반성이나 계획을 써요.

2. 날씨를 재미있고 자세하게 표현해 보세요.

날 씨	나만의 멋진 표현
☃	예쁜 눈사람을 만들 수 있도록 눈이 내린 날.
☀	
⛅	
🌤	
🌙	
☁	
☁	

일기에 제목을 붙이고 자세히 표현해 보세요

1 정환이가 쓴 일기를 읽고 제목과 날씨를 써 주세요. 정환이가 되어 느낌이나 생각도 적어 보세요.

제목 : --

년 월 일 요일, 날씨 : ------------------

오늘 나는 학교를 마치고 태권도 학원에 갔다. 오늘은 태권도 학원에 가지 않아도 되는 날이지만, 며칠 후에 품세 시험이 있어서 연습을 하기위해 갔다. 그런데 나의 적수 지훈이가 와 있었다. 지훈이는 나보다 품세가 높은 고동색이

다. 그래서 만날 잘난 척만 한다. 나도 이번에 꼭 고동띠를 딸 것이다. 그런데 내가 연습하는데 자꾸 지훈이가 옆으로 와서 뒤돌려 차기를 했다. 옆으로 조금씩 밀려나 결국 벽에 쾅 하고 부딪혔다. 너무 아팠다. 나도 지훈이를 발로 찼다. 강력한 나의 발차기로 지훈이는 넘어졌다. 지훈이의 코에서 코피가 났고, 지훈이는 큰 소리로 울었다. 지훈이가 먼저 그랬는데, 선생님은 나만 혼냈다. 나는 너무 억울해서 눈물이 났다.

능내 초등학교 1학년 송정환

2 위의 일기에서 쓰지 않아도 되는 부분을 찾아서 가새표(X) 하세요.

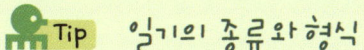 **Tip** 일기의 종류와 형식
- 일기는 여러 가지 종류와 형식으로 쓸 수 있어요.
- 감상 일기, 독서 일기, 관찰 일기, 견학 일기, 편지 일기, 동시 일기, 생활 일기, 여행 일기, 그림 일기, 만화 일기 등 다양한 형식으로 즐겁게 써 보세요.

3. 글감으로 쓸 일을 자세히 떠올려 보세요.

언제 일어난 일인가요?	
어디에서 일어난 일인가요?	
누구와 있었던 일인가요?	
무슨 일이 있었나요?	
그래서 어떻게 되었나요?	
그때 내 기분은 어땠나요?	
다음에 이런 일이 또 일어난다면 어떻게 할 건가요?	

 **힌트** 일기는 내 생활을 기록하기 위해 쓰는 글이에요. 그렇기 때문에 솔직하게 써야 해요. 또 내가 직접 겪은 일이기 때문에 그 일에 대한 내 생각이나 느낌이 잘 드러나게 쓰도록 해요.

Tip 일기를 쓰면 이런 점이 좋아요

- 일기는 하루 동안 보고 듣고 겪은 일, 생각한 것, 느낀 것을 기록한 글이에요.
- 일기를 쓰면 하루 생활을 반성하고 새로운 계획을 세울 수 있어요.
- 모든 것을 주의 깊게 보게 되고, 생각이 깊어지며 글을 쓰는 힘이 길러져요.

4 나만의 일기를 써 보세요.

년   월   일   요일

날씨 :

제목 :

표현 쓰기 (동시)

마음속에 떠오르는 생각이나 느낌을 짧게 표현한 글을 동시라고 해요. 동시에 흉내내는 말과 꾸며주는 말을 넣으면 자신의 느낌을 더욱 재미있게 표현할 수 있어요. 흉내 내는 말을 넣어 재미있는 동시를 써 보세요.

 학습 목표
1. 소리나 모양을 흉내 내는 말에 대해 알 수 있다.
2. 흉내 내는 말의 느낌을 표현하는 방법을 알 수 있다.
3. 흉내 내는 말을 넣어 동시를 쓸 수 있다.

흉내 내는 말을 알아보아요

1. 아래 낱말을 읽으면 어떤 생각이 드나요? 떠오르는 생각을 써 보세요.

	꿀떡	음식 삼키는 소리
	쩝쩝	
	오물오물	
	드르렁	아빠가 코 고는 소리
	쌕쌕	
	꼼지락	
	덩실덩실	춤추는 모양
	두둥실	
	으쓱으쓱	

Tip 흉내 내는 말이란?

- 흉내 내는 말은 어떤 소리나 모양, 동작 등을 흉내 내어 하는 말이에요.
- 소리나 모양을 재미있게 표현할 수 있어요.

2 〈보기〉처럼 아래 동시를 읽고 흉내 내는 낱말에 ○를 해 보세요.

〈보기〉

포도가 열렸다, (송이송이)
포도가 달렸다, (주렁주렁)

포도가 영근다, (동글동글)
포도가 익는다, (새콤달콤)

포도는 청포도 파란 구슬
하늘도 높아서 파란 불빛

포도알 포도알 보고 있으면

구슬치기 하고 싶다, (똑도그르르).

〈포도나무〉 어효선

(1) 아카시아 잎을 물고
    호물호물

    두 눈이 말똥말똥
    잘도 먹지요.

    클로버 잎을 물고
    사각사각

    두 귀가 쫑긋쫑긋
    잘도 먹지요.

    〈토끼〉 이진호

(2) 깡충깡충
    별들이 건너뛰다가

    퐁당퐁당
    물 속에 빠져 버렸다.

    반짝반짝
    냇물 속에 빠진
    수, 수만의 별
    별들.

    〈돌다리〉 하청호

 잠깐 흉내 내는 말을 찾을 수 있나요?

흉내 내는 말을 써 보아요

1. 아래 그림을 보고 어떤 느낌이 드나요? 떠오르는 소리나 모양을 흉내 내는 말로 써 보세요.

①

②

③

④

Tip 흉내 내는 말과 꾸며주는 말

- **소리 흉내말** : 사물의 소리를 흉내 낸 말.
- **모양 흉내말** : 사물의 모양이나 움직임을 흉내 낸 말.
- **꾸며주는 말** : 표현이 명확하고 아름답게 다른 말을 꾸며 주는 말.

2 다음 동시를 읽고, 꾸며 주는 말과 흉내 내는 말을 찾아 보세요.

꽃이 몰래 무얼 만들었나?
-달코옴한 꿀을 만들었지.

그걸 누가 알려 주었나?
-부웅부웅 꿀벌이 알려 주었지.

꽃이 또 무얼 만들었나?
-달코옴한 향기도 만들었지.

그건 누가 알려 주었나?
-소올소올 바람이 알려주었지.

〈꽃이 몰래〉 문삼석

- 꾸며 주는 말 : _____
- 흉내 내는 말 : _____

3 다음 문장을 읽고 꾸며 주는 말을 넣어 꾸며 보세요.

(1) 바람이 분다. → <u>거세게</u> 바람이 분다.

(2) 아기가 웃는다. → 아기가 _____ 웃는다.

(3) 산이 높습니다. → <u>푸른</u> 산이 높습니다.

(4) 새싹이 돋아납니다. → 새싹이 _____ 돋아납니다.

생각을 펼쳐요 - 흉내 내는 말을 넣어 동시를 써 보세요

1. 동시는 자신의 생각이나 느낌을 노래하듯이 짧게 쓴 글이에요. '단풍잎'을 보고 느끼고, 생각한 것을 떠올리며 동시를 써 보세요.

(1) 단풍잎 하면 떠오르는 것은?

----

(2) 단풍잎과 관련해서 겪었던 일은?

TiP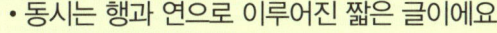

- 동시는 행과 연으로 이루어진 짧은 글이에요.
- **행** : 한 줄의 글.
- **연** : 행과 행이 모여서 이루어진 덩어리.

(3) 단풍잎과 어울리는 흉내 내는 말이나 꾸며 주는 말은?

(4) (1)번부터 (3)번까지의 내용을 정리하여 짧은 글을 써 보세요.

(5) (4)의 글을 흉내 내는 말과 꾸며 주는 말을 넣어 더 짧게 줄여 보세요.

 알고 있는 흉내 내는 말과 꾸며 주는 말이 있나요?

Tip 동시를 쓰면 이런 점이 좋아요

- 흉내 내는 말과 꾸며 주는 말을 넣어 동시를 쓰면 표현하는 능력이 좋아져요.
- 느낌이나 생각을 멋지게 나타낼 수 있어요.

2 예쁜 종이 위에 동시를 써 보세요.

제목 : _____

 동시에 흉내 내는 말과 꾸며 주는 말을 넣었나요?

느낌 쓰기

생활 속에서 겪고, 보고, 듣고, 생각한 일을
이야기 형식으로 쓴 글을 생활문이라고 해요.
생활문은 다른 사람들에게 감동을 주거나,
읽을 만한 가치가 있는 것을 써야 해요.
첫 문단을 시작하는 방법에 따라 다양한
표현의 글을 쓸 수 있어요.

 학습 목표
1. 가장 기억에 남는 일 중에서 글감을 고를 수 있다.
2. 그림을 보고 이야기를 쓸 수 있다.
3. 첫 문단을 글로 쓸 수 있다.

글감을 골라 보아요

1. 지난 한 달 동안 어떤 일이 있었나요? 가장 즐거웠던 일을 떠올려 본 후 빈칸에 적어 보세요.

〈엄마랑, 아빠랑, 오빠랑 함께 등산 갔던 일〉

왜 갔나요?

건강을 위해

〈할머니 생신에 시골 할머니 댁에 갔던 일〉

기분이 어땠나요?

〈가족과 함께 동물원에 간 일〉

무엇을 보았나요?

〈가장 기억에 남는 일〉

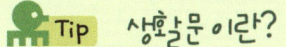

- 생활문은 우리 주변에서 일어나는 일들을 잘 관찰하여 주제나 의미에 따라 생각과 느낌을 더해 쓰는 글이에요. 글의 내용은 겪은 일이나 자연, 또는 자신의 생각 속에서 찾아써요.

2 현지는 지난 주말 가족과 함께 마니산에 다녀온 그림을 그렸어요. 그림을 보고 떠오르는 느낌을 적어 보세요.

생각을 키워요 얼개를 짜 다양한 방법으로 글을 써 보아요

1 현지는 마니산에 갔던 일을 떠올려 보았어요. 아래 빈칸을 채워 보세요.

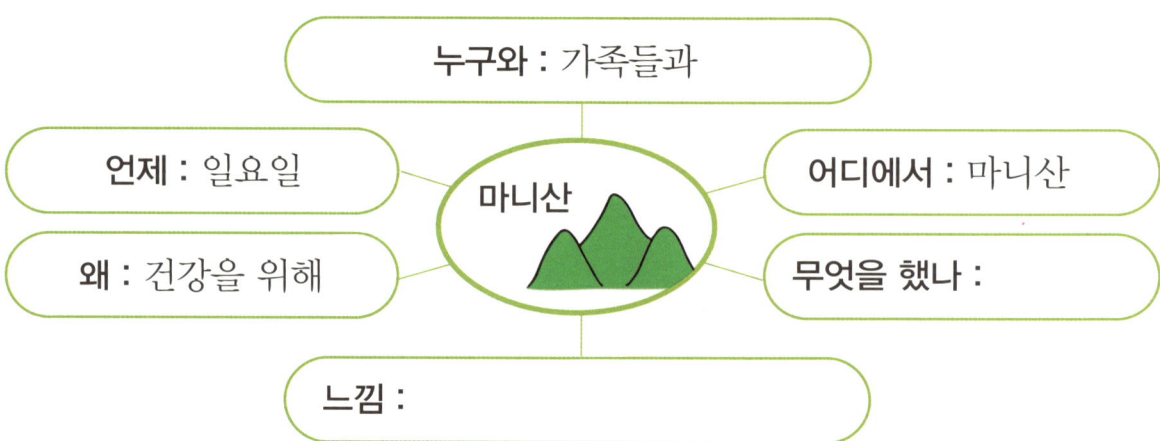

- 누구와 : 가족들과
- 언제 : 일요일
- 어디에서 : 마니산
- 왜 : 건강을 위해
- 무엇을 했나 :
- 느낌 :

2 빈칸에 알맞은 말을 써서 현지의 글을 마무리해 주세요.

지난 _____ 우리 가족은 강화도에 있는 _____.
아빠가 등산을 가자고 했습니다. 오랜만에 하는 등산이라서 힘이 들었습니다.
숨도 _____ 차고, 온몸에서 땀도 _____. 그러나 나는 참고 끝까지 올라갔습니다.
산에 오르니 _____. 멀리 바다가 보이고 넓은 들이 한눈에 보였습니다. 산에서 내려와서 우리 가족은 점심으로 산채 비빔밥을 먹었습니다. 비빔밥이 너무 맛있어서 나는 _____.
_____.

검단 초등학교 1학년 이현지

3 현지가 마니산에서 본 것을 찾아 밑줄을 그어 보세요.

> **Tip** 생활문을 잘 쓰려면?
>
> - 생활 주변에서 일어나는 일에 대해 깊이 생각하는 습관을 길러 보세요.
>   생각을 깊이 하면 자신의 생각을 잘 표현할 수 있어요.
> - 일상생활에서 일어나는 일을 메모하는 습관을 길러 보세요. 글감이 풍부해질 거예요.

4 동물원에 가 본 적이 있나요? 그때의 기억을 떠올리며 다음 표를 완성해 보세요.

제목 : 동물원	
어디에 갔었나요?	과천 서울 랜드 동물원
언제 갔었나요?	10월 23일
누구와 갔었나요?	친구들과 선생님
왜 갔었나요?	학교에서 가을 소풍으로 갔어요.
가기 전의 기분은 어땠나요?	혹시나 비가 오지 않을까 걱정했어요. 빨리 내일이 왔으면 좋겠다고 생각했어요.
가서 본 것은 무엇인가요?	호랑이, 코끼리, 기린, 백조, 펭귄, 뱀, 악어, 원숭이
가서 들은 것은 무엇인가요?	
가장 기억에 남는 일은 무엇인가요?	
갔다 온 뒤 나에게 달라진 것은 무엇인가요?	

내 느낌을 글로 써 보아요

1 친구들이 쓴 생활문 두 편이에요. 빈칸에 알맞은 느낌을 말해 보세요.

(1) "지금 밖에 비 와요?"
"아니, 왜 그러니?"
눈을 뜨자마자 엄마에게 물어보며 창문으로 달려갔다. 조금 전 꿈에서 소낙비가 마구 쏟아져 놀라서 잠을 깼다. 오늘은 절대로 비가 오면 안 된다. 선생님과 친구들과 처음으로 동물원에 가는 날이기 때문이다.

(2) 10월 23일 금요일, 오늘은 우리 초등학교 학생들과 선생님이 모두 가을 소풍으로 과천 동물원에 가기로 한 날이다. 어젯밤부터 혹시 비가 올까 봐 조마조마했는데, 해님이 방긋 웃는 맑고 좋은 날씨가 되어 다행이다.

(3) 두 글 중에 한 편을 골라 생활문을 완성해 주세요.

> **Tip** 다양한 방법으로 첫머리 쓰기
> - 가장 중심이 되는 생각으로 시작할 때 : 생활문의 주제가 되는 생각을 잡아서 써요.
> - **시간(때)으로 시작할 때** : 언제 있었던 일인지 알려 주면서 시작해요.
> - **장소로 시작할 때** : 그 일이 일어난 장소로 이야기를 시작해요.

2 최근에 어디를 다녀왔나요? 가장 기억에 남는 일을 떠올리며 글을 써 보세요.

(1) 어디를 다녀왔나요?

---

(2) 관련 있는 사진을 오려 붙이거나 그림을 그려 보세요.

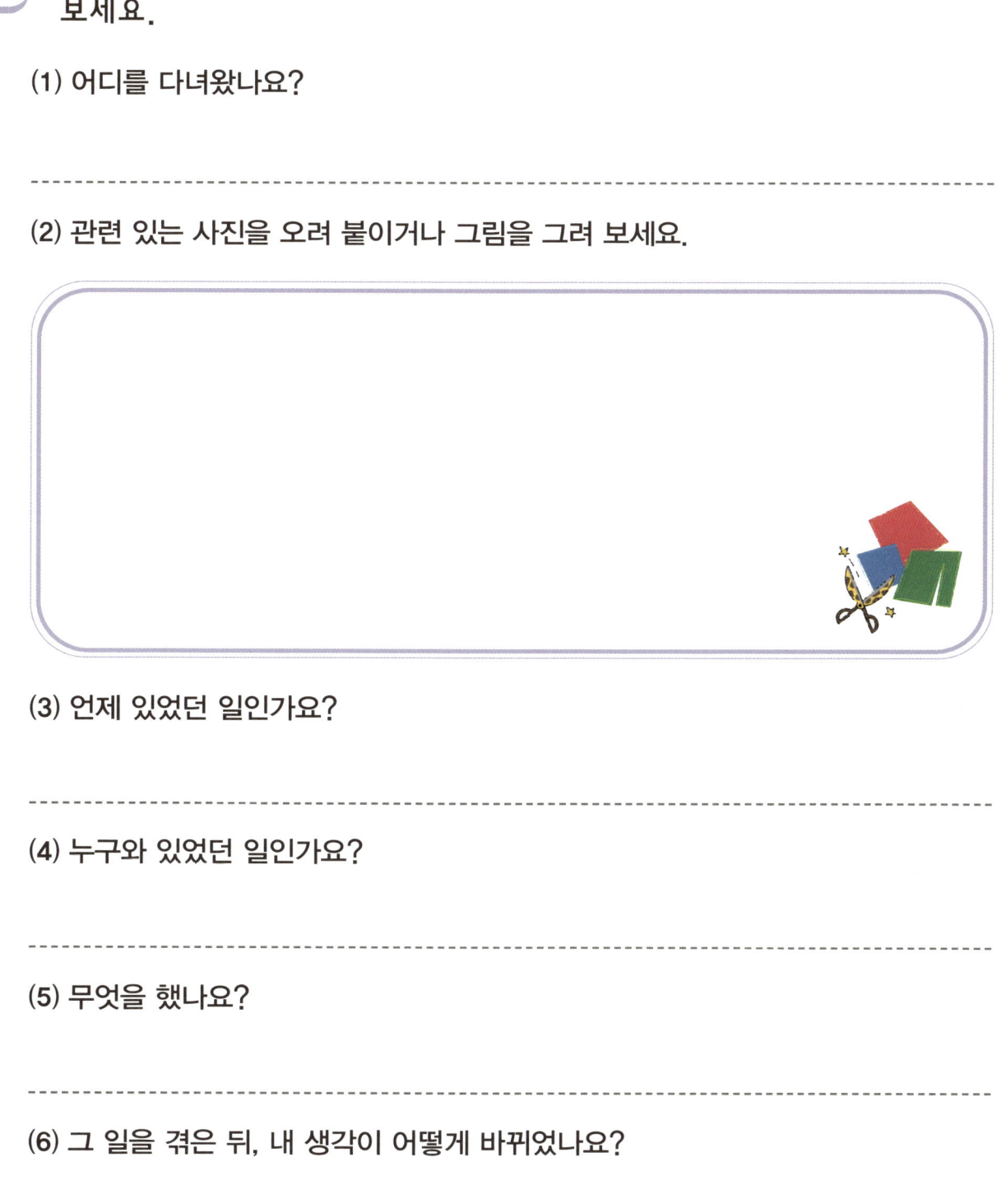

(3) 언제 있었던 일인가요?

---

(4) 누구와 있었던 일인가요?

---

(5) 무엇을 했나요?

---

(6) 그 일을 겪은 뒤, 내 생각이 어떻게 바뀌었나요?

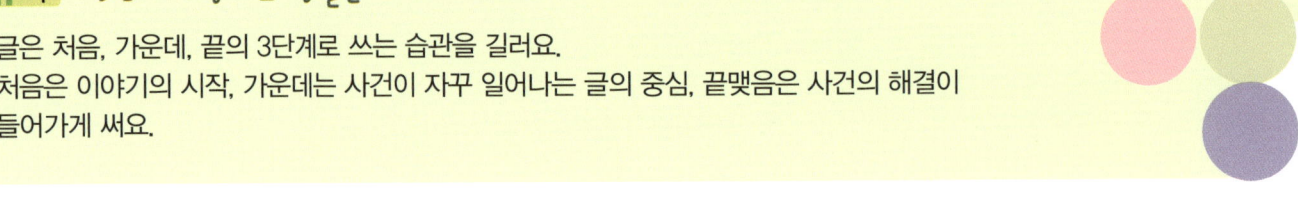

Tip 3단계 구성으로 생활문 쓰기

- 글은 처음, 가운데, 끝의 3단계로 쓰는 습관을 길러요.
- 처음은 이야기의 시작, 가운데는 사건이 자꾸 일어나는 글의 중심, 끝맺음은 사건의 해결이 들어가게 써요.

3 앞 쪽에서 정리한 내용을 대화글을 넣어 재미있게 시작해 보세요. 글을 쓰기 전에 멋진 제목도 지어 보세요.

제목 :

비교 쓰기

비교는 둘 이상의 사물을 견주어 서로 닮은 점과 다른 점을 생각하는 것이에요. 비교하며 글을 쓸 때에는 먼저 비슷한 점을 표로 정리해요. 그런 다음, 사물의 닮은 점과 다른 점이 드러나게 글을 써요.

 학습 목표
1. 비교하는 사물의 닮은 점을 떠올릴 수 있다.
2. 닮은 점과 다른 점을 찾아 적을 수 있다.
3. 비교하며 글쓰기를 할 수 있다.

사물의 닮은 점을 찾아요

1 보기 중 풍선과 가장 닮은 것을 한 가지만 골라 보세요.

(1) 고른 것의 어떤 점이 풍선과 닮았나요?

_____

(2) 풍선과 여러분이 고른 물건의 다른 점을 찾아 적어 보세요.

① (　　　　　)는(은) 풍선과 _____ 이 다르다.

② (　　　　　)는(은) 풍선과 _____ 이 다르다.

③ (　　　　　)는(은) 풍선과 _____ 가 다르다.

Tip 닮은 점 찾기

- 비교할 때에는 서로 같은 점이 한 가지 이상 있어야 해요.
- 모양이나 쓰임, 생김새, 규칙, 특성 등에서 닮은 점을 찾아보세요.

2 닮은 점이 있는 것끼리 줄로 이어 보세요.

3 왜 닮았다고 생각했는지 그 이유를 각각 써 보세요.

(1) 운동화 – 구두   이유 :

(2) 눈사람 –   이유 :

(3) 비행기 –   이유 :

(4) 축구공 –   이유 :

생각을 키워요
기준을 정하여 닮은 점과 다른 점을 찾아요

1 두 동물의 특징을 생각해 보세요.

(1) 두 동물을 보고 떠오르는 낱말을 써 보세요.

사자	호랑이
• 용감하다.	• 발이 네 개.
• 가족끼리 살아요.	• 혼자서 살아요.
• _____	• _____
• _____	• _____

(2) 두 동물의 닮은 점과 다른 점을 찾아 써 보세요.

닮은 점 : _____

다른 점 : _____

Tip 기준 찾기

- 사물을 비교할 때에는 기준이 필요해요. 기준을 정해 비교하면 더 쉽게 비교할 수 있어요.
- 비교할 때 생각그물이나 표를 이용하면 한눈에 보기 쉽고, 간략하게 정리할 수 있어요.

2 두 동물의 생김새, 먹이, 사는 곳을 화살표에 맞게 정리해 보세요.

빨간 선 쪽에는 호랑이, 초록 선 쪽에는 사자에 대해 비교한 내용을 써 보아요.

3 위에서 정리한 내용은 문장으로 써 보세요.

호랑이는 시베리아의 산속 등에 살고,

사자는 아프리카의 초원 등에 산다.

호랑이는 몸에 _____가 있고,

수사자는 _____가 있다.

호랑이와 사자는 _____를(을) 잡아먹는다.

두 가지 사물을 비교해 보아요

1 두 악기의 이름을 쓰고, 닮은 점과 다른 점을 써 보세요.

악기		
이름		
닮은 점		
다른 점		

2 두 악기를 비교하여 짧은 글을 써 보세요.

Tip 비교하는 글 잘 쓰는 법 1

- 비교할 대상을 정해요.
- 글을 쓰기 위한 자료를 정리해요. 백과사전, 신문, 잡지, 그림, 통계자료, 사진, 전문가의 설명, 선생님이나 부모님께 여쭤어 본 내용 등.

3 다음 그림 중에서 좋아하는 것 두 가지를 골라 보세요.

4 선택한 두 가지 사물을 비교해 보세요.

이름		
특징		
닮은 점		
다른 점		

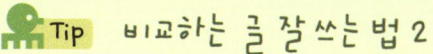

Tip 비교하는 글 잘 쓰는 법 2
- 자료를 분류하여 글 쓸 차례를 정해요.
- 차례에 따라 글을 쓰고 다듬어요.

5 앞 쪽에서 고른 두 사물을 비교하는 글을 써 보세요.

제목:

 두 사물의 특성을 잘 생각했나요? 닮은 점과 다른 점이 잘 드러나도록 글을 썼나요?

정보 쓰기 (소개)

어떤 사물이나 사람에 대한 정보를 주는 글을 설명하는 글이라고 해요. 나에 대해 알려 주고 싶은 것이나 내가 좋아하는 것을 친구들에게 소개하는 설명글을 써봐요. 설명하는 글을 쓸 때에는 구체적이고 자세하게 표현해야 해요.

 학습 목표
1. 나를 친구들에게 소개할 수 있다.
2. 소개할 내용을 정리할 수 있다.
3. 소개하려는 사람을 관찰하여 자세하게 표현할 수 있다.

내 모습을 그려 본 뒤에 소개해요

1 내 얼굴을 그려 볼까요? 아래 빈칸도 채워 보세요.

(1) 나는 _____ 초등학교 _____ 학년 _____ 반 _____ 입니다.

(2) 내 별명은 _____ 입니다.

　　왜냐하면 _____ 때문입니다.

(3) 나는 _____ 을(를) 세상에서 제일 좋아해요.

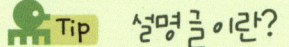 **설명글이란?**

- 설명하는 글은 다른 사람들이 어떤 정보에 대해 잘 알 수 있도록 자세하게 풀어서 쓴 글이에요.
- 정보글, 풀이하는 글, 밝히는 글이라고도 해요.
- 설명은 문장을 짧고, 간결하고, 구체적으로 써야 해요.

2. 친구들에게 나를 소개하려고 해요. 나에 대한 내용을 정리해 보세요.

이름		사는 곳	
가족		좋아하는 음식	
좋아하는 노래		별명	
좋아하는 운동		잘하는 운동	
아빠가 하시는 일		엄마가 하시는 일	

3. 아래 소개하는 글을 완성해 보세요.

나를 소개합니다

_____ 초등학교
_____ 학년 _____ 반

사진

안녕하세요? 제 이름은 _____ 입니다. 여러분과 만나게 되어 반갑습니다. 저는 _____ 에 살고 있습니다. 저희 가족은 모두 _____ 입니다. 아빠는 _____, 엄마는 _____. 우리 집은 _____ 가 오순도순 행복하게 살고 있습니다. 내가 좋아하는 음식은 _____ 입니다. 내가 좋아하는 노래는 _____ 입니다. 나는 _____ 처럼 공을 가지고 노는 운동을 좋아하지만, 잘하지는 못합니다. 그러나 _____ 무척 잘합니다. 그래서 별명이 물개입니다.

생각을 키워요 - 나를 소개하는 글을 써 보아요

1. 친구들에게 나를 소개해 보세요.

- 별명
- 가족
- 좋아하는 것
- 좋아하는 음식
- 장래 희망
- 내가 가장 아끼는 것
- 감명 깊게 읽은 책

2. 나에 대해 더 소개하고 싶은 내용을 적어 보세요.

Tip 설명하는 글에 어울리는 글

- 자신을 소개하는 자기 소개서.
- 약, 전자 제품, 식품 등에 관련된 설명이나 사용법을 설명하는 글.
- 관광 안내문 등.

3. 옆 쪽의 풍선에 적은 말을 넣어 나를 소개하는 글을 써 보세요.

자기 소개서

(사진)

_____ 초등학교
_____ 학년 _____ 반

안녕하세요? 제 이름은 _____ 입니다.

친구들은 저를 _____ 라고 부릅니다. 왜냐하면 제가

_____ 때문입니다. 저희 가족은 모두 _____

식구가 오순도순 행복하게 살고 있습니다. 내가 가장 아끼는 것은

_____ 입니다. 내가 좋아하는 음식은 _____.

내가 좋아하는 것은 _____. 감명 깊게 읽은 책은

_____ 이고, 좋아하는 책은 _____ 입니다.

저는 커서 _____ 이 되고 싶습니다.

부모님께서는 제가 _____

_____.

가족을 소개해요

1 가족 사진을 붙인 뒤에 닮은 동물을 써 보세요.

아빠 – 기린
왜냐하면, 키가 크고 말랐어요. 그래서 기린 같아요.

엄마 – (   )
왜냐하면, _____

가족 사진을 붙여 보세요.

나 – (   )
왜냐하면, _____

(   ) – (   )
왜냐하면, _____

2 가족들의 장점을 한 가지씩 이야기해 보세요.

_____
_____

Tip 소개하는 글을 잘 쓰려면?
- 좋아하는 것, 취미, 하는 일, 장점, 사는 곳 등을 자세하게 소개해요.
- 거짓으로 꾸미지 않고 솔직하게 소개해요.

3 우리 가족 중에 한 사람을 소개해 보세요.

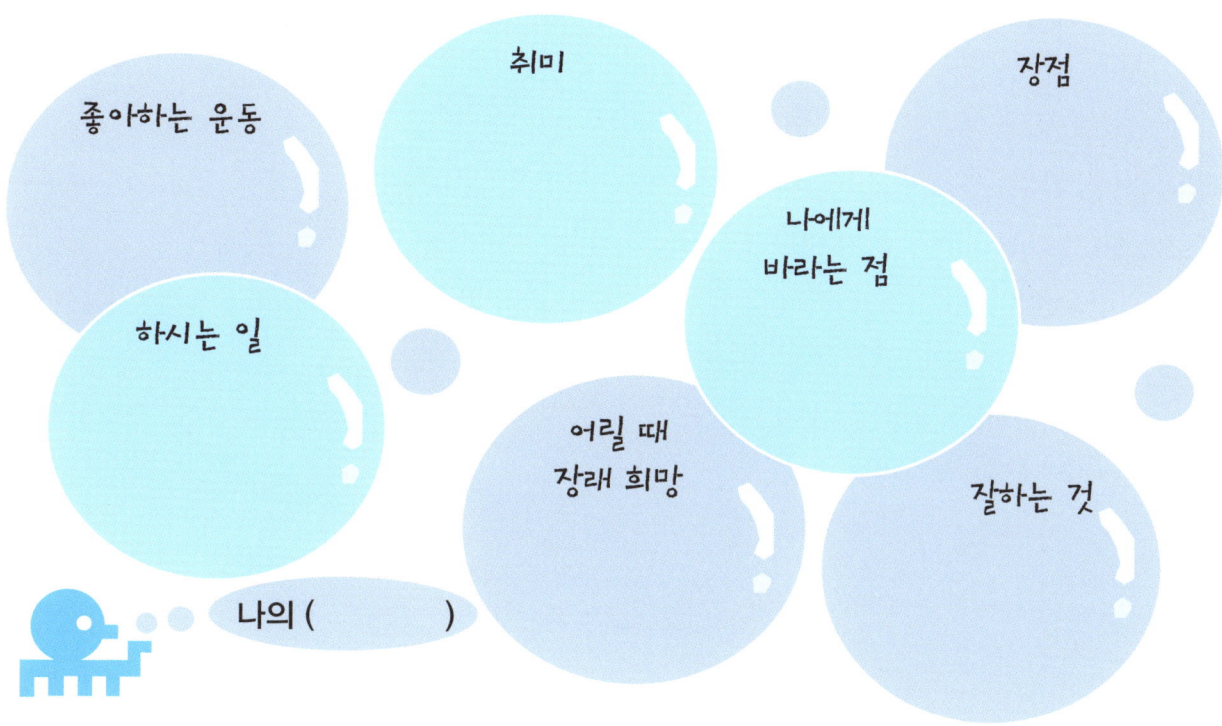

좋아하는 운동 / 취미 / 장점 / 하시는 일 / 나에게 바라는 점 / 어릴 때 장래 희망 / 잘하는 것 / 나의 (　　　)

4 친구가 엄마를 소개한 글을 보고 제목을 달아 보세요.

제목 : _____

　저희 엄마는 부산에서 태어나셨습니다. 엄마의 어릴 때 꿈은 신문기자였다고 합니다. 지금은 아이들에게 책을 읽어 주는 선생님입니다. 엄마께서 좋아하는 음식은 비빔밥이고, 취미는 수영입니다. 엄마께서 제게 바라시는 것은 건강하게 잘 자라는 것입니다. 저는 엄마와 그림책을 읽는 시간이 가장 행복합니다. 우리 엄마는 세상에서 제일 재미있게 그림책을 읽어 주십니다. 그래서 세상에서 제일 멋진 우리 엄마를 사랑합니다.

　　　　　　　　　　　　　　　　인천 능내 초등학교 1학년 송정환

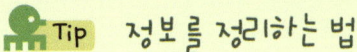 **정보를 정리하는 법**

- 잘 썼다고 생각하는 부분에 ○표 하세요.
- 덧붙이거나 고칠 내용이 있으면 간단히 쓰거나 직접 이야기해 보세요.
- 자랑하고 싶은 이유가 나타난 부분을 찾아 밑줄을 그어 보세요.

5 가족 중 한 사람을 선택해서 특징을 정확하고 자세하게 소개해 보세요.

의견 쓰기

의견이란 어떤 대상이나 일에 대한 나의 생각을 말해요.
여러 가지 상황을 보고 어떤 생각이 드는지 자신의 의견과
이유를 담아 쓰는 글을 의견 쓰기라고 해요. 상황에 알맞은
의견과 이유를 들어 의견 쓰기를 해보세요.

학습 목표
1. 의견에 대해 알 수 있다.
2. 상황에 따른 의견 쓰기를 할 수 있다.
3. 알맞은 이유를 들어 의견 쓰기를 할 수 있다.

상황에 따른 내 의견을 써 보아요

1. 아래와 같은 상황을 보면 어떤 생각이 떠오를까요? 말 주머니에 자신의 의견을 담아 보세요.

쓰레기를 길에다 버리면 안 된다.

Tip 의견이란?

- 의견이란 어떤 대상이나 일에 대한 내 생각을 말해요.
- 의견을 내 놓기 전에, 나라면 어떻게 했을지 먼저 생각해 보세요.

2 다음 친구들의 의견을 읽고 자신의 의견을 써 보세요.

친구 의견

장난감은 꼭 어린아이만 가지고 노는 것이 아닌데, 장난감을 안 사 주는 엄마가 미워진다.

내 의견

_____
_____

친구 의견

무서운 아이들이 때리려고 하면 무조건 잘못했다고 하고, 절대 어른들에게 말하면 안 된다.

내 의견

_____
_____

 잠깐 상황에 따른 알맞은 의견을 내 놓았나요?

생각을 키워요 — 의견에 알맞은 이유 쓰기

1 아래 친구들은 왜 그런 행동을 했을까요? 그 이유를 써 보세요.

오늘 학교에서 오는 길에 길 잃은 강아지를 발견했다. 그래서 파출소에 가져다주었다.

이유는 강아지가 너무 불쌍해서 집을

찾아 주기 위해서이다.

점심시간에 친구들과 매미 한 마리를 잡았다. 친구들과 매미를 살펴본 후에 하늘로 날려 보냈다.

이유는

Tip 이유란?
- 이유는 의견에 대한 까닭이나 근거를 말해요.
- 이유를 쓸 때에는 '**왜냐하면 ~ 때문이다.**'라는 문장을 사용합니다.

2 아래 글을 읽고, 미루와 달래가 밑줄 친 부분처럼 말한 이유를 써 보세요.

미루네 집에 달래가 놀러 왔어요.
"오늘 내주신 숙제 정말 어렵지. 너 숙제 다 했니?"
미루는 자기가 한 숙제를 달래에게 보여 주었어요.
"나도 어려웠는데 엄마가 가르쳐 주셔서 좀 전에 다 했어."
"우와, 정말! 그럼 숙제 한 것 좀 보여 줘. 나도 너랑 똑같이 써 가야겠다."
"<u>달래야, 숙제를 똑같이 베껴 가면 안 되잖아.</u>"
"<u>흥, 보여 주기 싫으면 그만둬!</u>"
달래는 화를 내며 자기 집으로 돌아갔답니다.

미루 :

왜냐하면, _____

_____

달래 :

왜냐하면, _____

_____

 의견에 알맞은 이유를 들었나요?

알맞은 이유를 들어 의견을 써요

1 오른쪽 그림의 친구에 대해 어떻게 생각하나요? 〈보기〉처럼 자신의 의견과 이유를 함께 생각해 보세요.

보기

(1) 그림을 보고 떠오른 생각은 무엇인가요?

음식을 골고루 먹지 않는다

(2) 주인공의 행동에 대해 어떻게 생각하나요?

음식을 골고루 먹지 않는 행동은 옳지 않다.

Tip 의견과 이유

- 의견을 내 놓을 때에는 이유나 근거를 써야 해요. 그래야 다른 사람들을 설득할 수가 있어요.
- 의견에 대한 알맞은 이유를 들어야 해요.

(3) (2)번처럼 생각한 이유를 써 보세요.

음식을 골고루 먹지 않으면 병에 걸리기 쉽기 때문이다.

(4) 주인공에게 어떤 말을 해 주고 싶나요?

음식을 골고루 먹어야 해.
그래야 병에 걸리지 않고 건강할 수 있어.

(5) (1)번부터 (4)번까지 생각한 내용을 바탕으로 자신의 의견이 담긴 글을 써 보세요.

우리는 음식을 골고루 먹어야 한다. 왜냐하면, 음식을 골고루 먹지 않으면 몸이 약해져서 병에 걸리기 쉽기 때문이다. 그러므로 음식을 골고루 먹어 건강하고 튼튼한 어린이가 되도록 노력해야 한다.

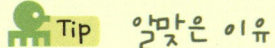

- 이유를 말하기 전에 의견과 어울리는 이유인지 생각해 보아요.
- 의견에 대한 이유는 여러 개를 들어도 좋아요.

2 아래 그림과 같은 상황에 대해 의견과 알맞은 이유를 써 보세요.

(1) 의견 :

----

(2) 그렇게 생각한 이유 :

 의견에 알맞은 이유를 들어 의견 쓰기를 했나요?

마인드맵

마인드는 '마음', 맵은 '지도'라는 뜻이에요. 마인드맵은 마음속에 지도를 그리듯이 자신의 생각을 정리하는 방법을 말해요. 마인드맵을 이용하면 자신의 생각을 오랫동안 기억할 수 있어요. 내가 읽은 책의 내용을 마인드맵으로 정리한 다음 글을 써보세요.

 학습 목표
1. 마인드맵에 대해 알 수 있다.
2. 마인드맵을 이용하여 생각을 정리하는 방법을 알 수 있다.
3. 마인드맵을 이용하여 글을 쓸 수 있다.

중심 이미지를 그려 보아요

▎내 생각을 마인드맵으로 정리하려고 해요. 먼저 마인드맵은 어떻게 하는지 알아볼까요?

1. 먼저 전체 내용을 나타낼 수 있는 중심 이미지가 있어야 해요. 이미지는 '느낌'이라고 생각하면 됩니다. '운동' 하면 떠오르는 이미지를 아래 원 안에 그려 보세요.

중심 이미지

> **Tip** 마인드맵
> - **중심 이미지** : 전체 내용을 나타낼 수 있는 이미지를 그려요.
> - **주가지** : 중심 이미지 옆에 굵은 선으로 주제를 정확하게 나타내는 낱말을 써요.
> - **부가지** : 주가지 옆에 주제와 관련된 내용을 자세히 써요.

2 중심 이미지 옆에 주제를 나타내는 주가지를 나누어요. 운동에 대한 주제를 더 써 보세요.

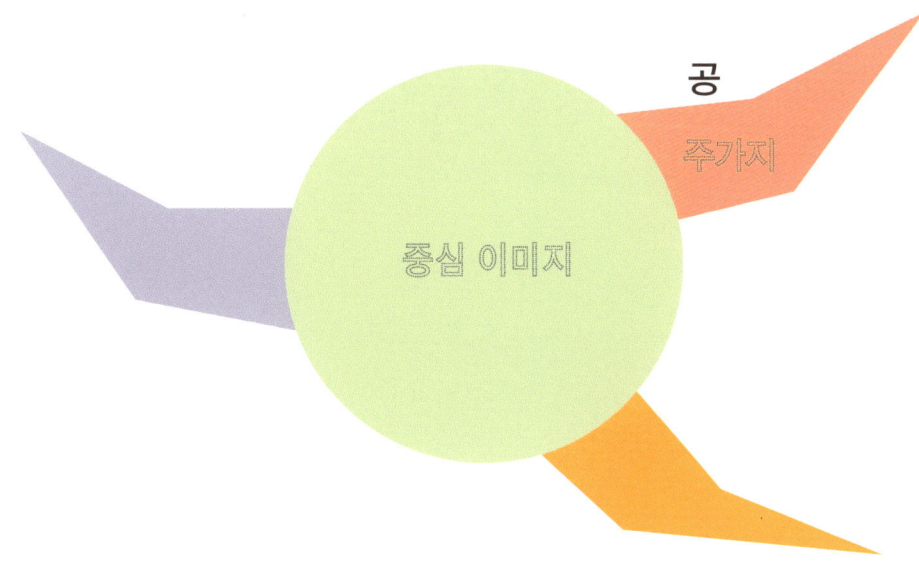

3 주가지 옆에 부가지를 나누어요. 부가지는 주제와 관련된 내용이에요. 주가지에 쓴 주제와 관련된 생각을 부가지에 정리해 보세요.

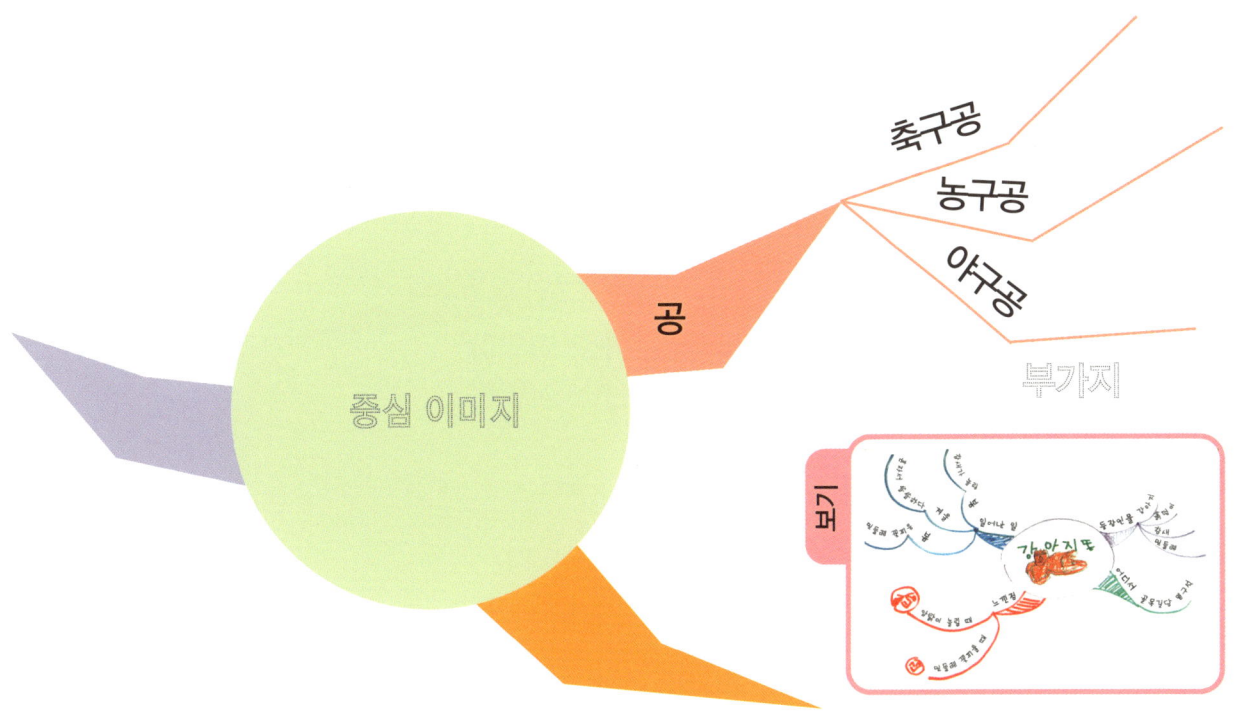

마인드맵으로 독후감을 써 보아요

■ 〈강아지똥〉 이야기를 읽어 본 적 있나요? 어떤 이야기였는지 마인드맵으로 정리하고, 느낀점을 떠올려 독후감을 써보세요.

1. 〈강아지 똥〉을 읽으면서 생각했던 것을 중심 이미지와 주가지, 부가지에 정리해 보세요.

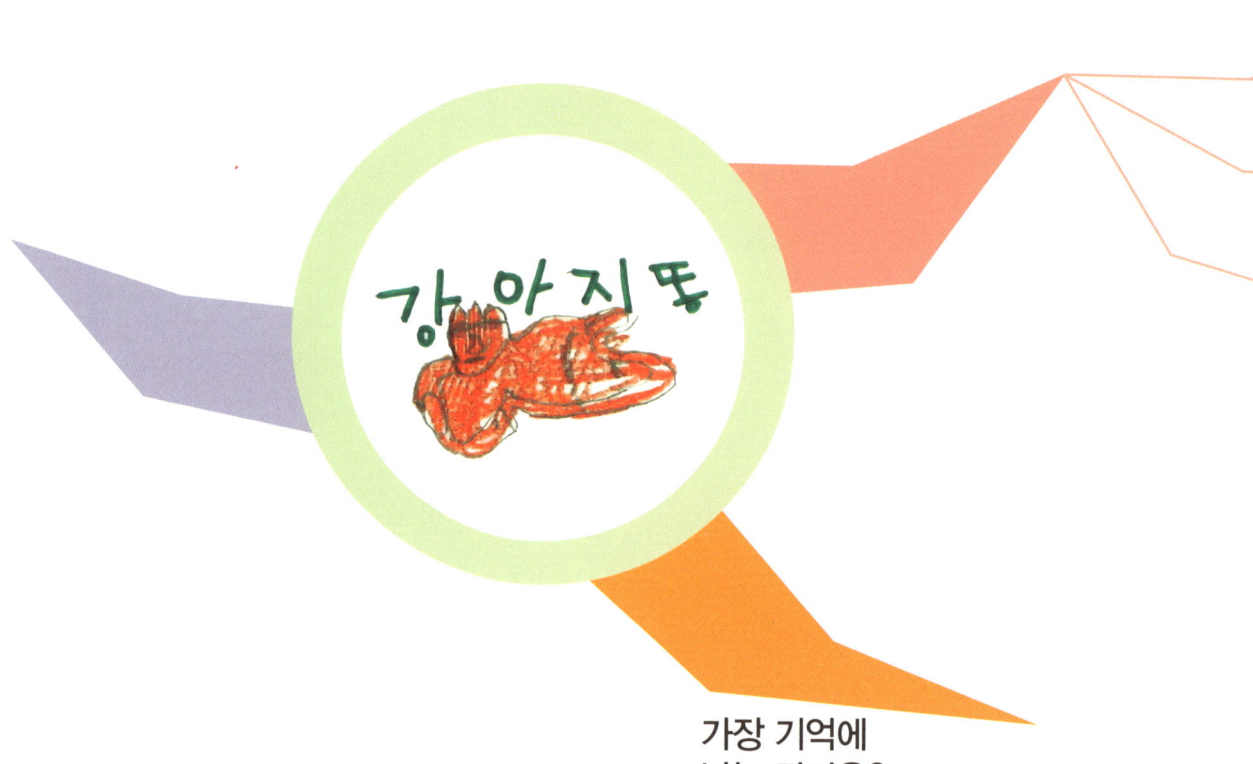

가장 기억에
남는 장면은?

Tip 마인드맵을 할 때 주의할 점!

- 글이나 그림은 가지 위에 써야 해요.
- 긴 문장보다는 낱말이나 그림을 이용하는 것이 오랫동안 기억에 남아요.

2 옆 쪽의 주가지 내용 중에서 두 가지를 골라요. 그런 다음 부가지를 넣어 이야기를 만들어 보세요.

(1) 첫 번째 주가지 내용 :

------

(2) 두 번째 주가지 내용 :

------

3 이제 〈강아지 똥〉을 읽고 느낀 점에 대한 독후감을 써 볼까요?

잠깐 읽었던 이야기를 마인드맵으로 쉽게 정리할 수 있었나요?

마인드맵으로 글을 써요

1. 다음 짧은 글을 읽고 마인드맵으로 정리해 보세요.

> 종이가 없었던 옛날에는 땅바닥이나 나무, 바위에 나뭇가지나 날카로운 돌 조각을 이용해서 그림을 그렸어요. 그러나 땅바닥에 그린 그림은 잘 지워졌어요.
>
> 종이는 약 1900년 전에 처음 만들어졌어요. 우리나라에서는 삼국 시대 이전부터 쓰였고, 옛날 조상들이 사용한 종이를 한지라고 해요.
>
> 한지는 닥나무 껍질과 닥풀로 만들어요. 닥나무의 껍질은 삼베옷을 만드는 나무껍질처럼 길고 질겨서 아주 오래전부터 우리나라에서는 즐겨 사용했어요.

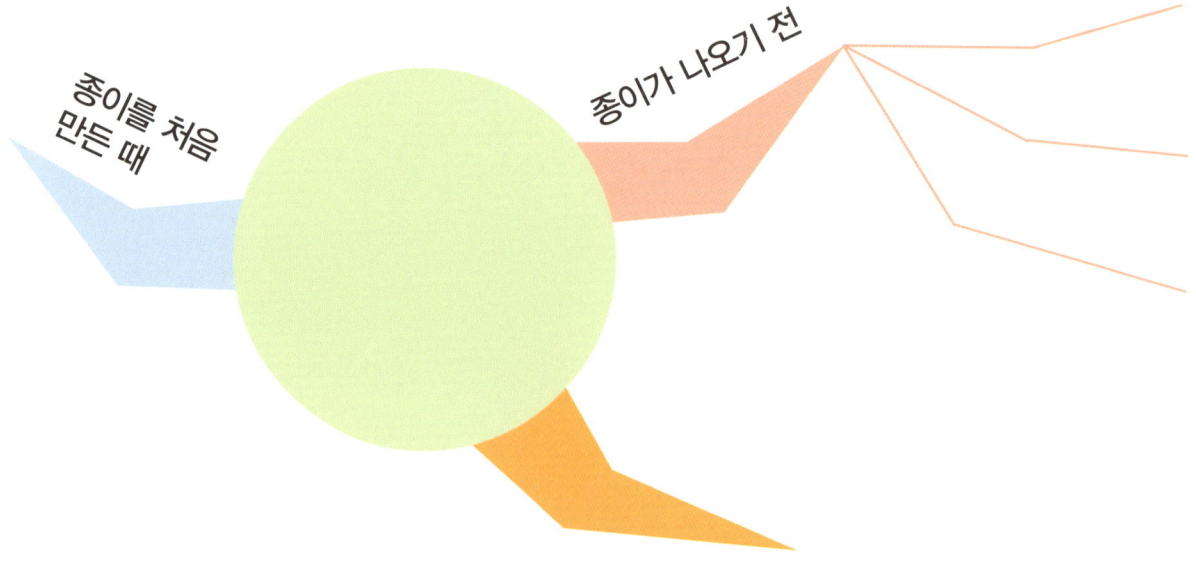

Tip 마인드맵을 할 때 주의할 점 2

- 한 주제에 대한 주가지와 부가지는 같은 색깔을 사용해요.
- 종이는 가로로 놓고 줄이 없는 종이 위에 정리해요. 그래야 계속해서 생각을 펼칠 수 있어요.

2 '크리스마스에 하고 싶은 일'을 주제로 글쓰기를 하려고 해요. 마인드맵을 이용하여 어떤 내용을 쓸지 정리해 보세요.

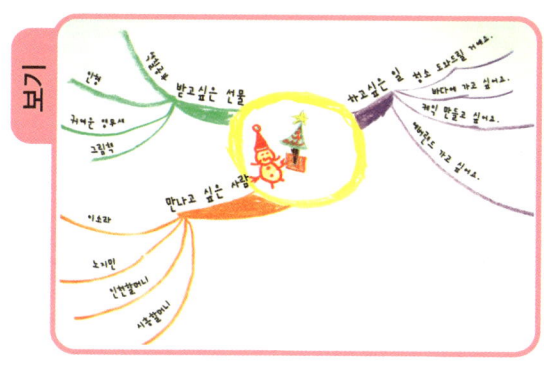

보기

받고 싶은 선물

하고 싶은 일

만나고 싶은 사람

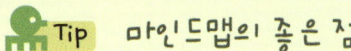 **마인드맵의 좋은 점**
- 짧은 시간에 많은 내용을 정리할 수 있어요.
- 내용을 오래 기억할 수 있어요.
- 나만의 기호나 문자로 암호처럼 정리해서 나만 알 수 있도록 할 수 있어요.

3 앞 쪽에서 마인드맵으로 정리한 내용을 떠올려 볼까요?
'크리스마스에 하고 싶은 일'을 상상하여 글쓰기를 해 보세요.

 잠깐 마인드맵으로 정리한 뒤에 글쓰기가 쉬웠나요?

읽고 느낀점 쓰기

독서 감상문은 책을 읽고 난 뒤 느낌을 쓴 글이에요.
책을 읽게 된 특별한 이유, 가장 기억에 남는 문장,
책의 지은이나 주인공을 소개하면서 독서 감상문을 쓰기도 해요.
주인공에게 편지를 쓰거나 가장 감동적인
부분을 그림으로 그려도 좋고 일기나 보고서 형식으로 써도 좋아요.

 학습 목표
1. 책을 읽고 줄거리를 요약할 수 있다.
2. 책을 읽은 뒤 자신의 느낌이나 생각을 글로 표현할 수 있다.
3. 주인공에게 편지를 쓸 수 있다.

생각을
열어요

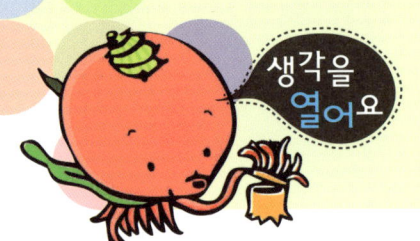

생각나는 대로 적어 보아요

1 〈팥죽 할머니와 호랑이〉를 읽고 마인드맵으로 정리했어요. 물음에 답해 보세요.

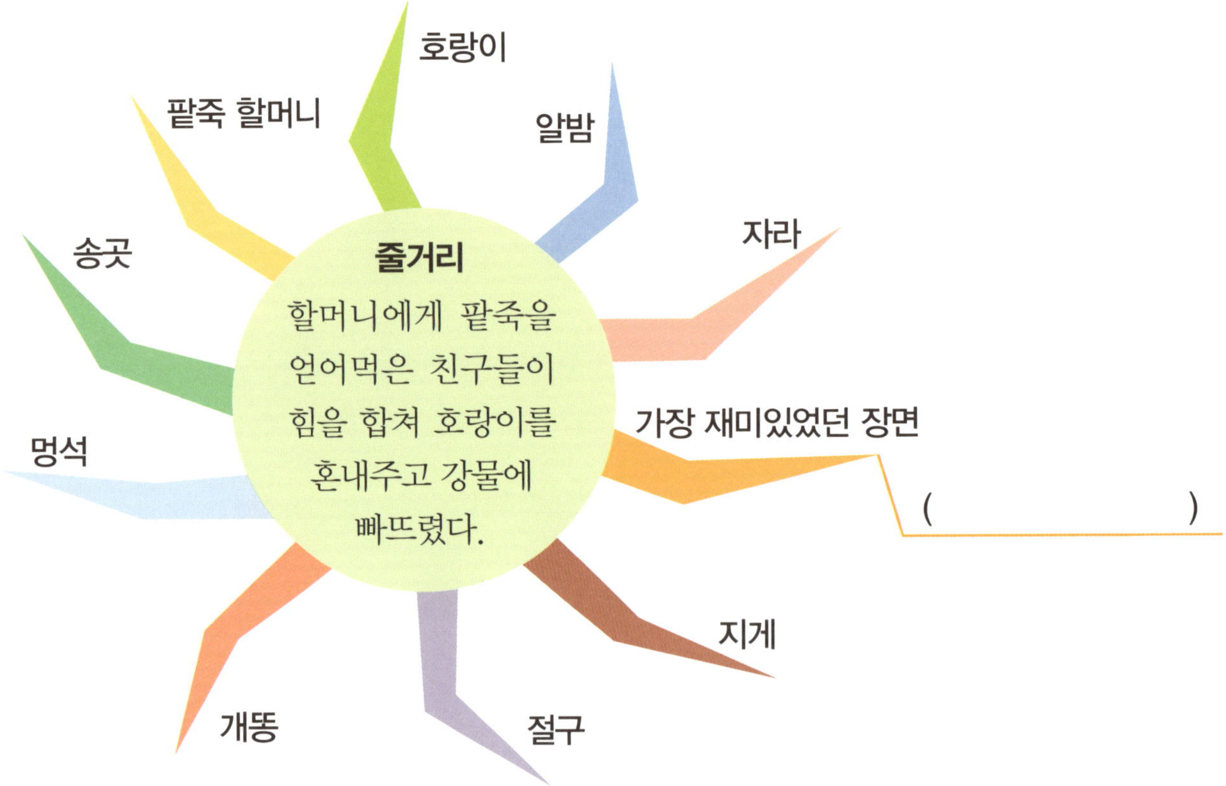
줄거리
할머니에게 팥죽을 얻어먹은 친구들이 힘을 합쳐 호랑이를 혼내주고 강물에 빠뜨렸다.
호랑이
알밤
자라
가장 재미있었던 장면
( )
지게
절구
개똥
멍석
송곳
팥죽 할머니

(1) 무슨 일이 있었나요?

---

(2) 가장 재미있었던 장면은 무엇인가요?

---

2 내가 가장 재미있게 읽었던 책 제목은 무엇인가요?

 **독서 감상문의 처음 부분 쓰기**
- 특별하게 이 책을 읽게 된 동기가 있으면 적어요.
- 가장 기억에 남는 장면이나 말을 소개해요.
- 책을 읽고 난 뒤 가장 기억에 남는 생각이나 느낌을 써요.

 가장 기억에 남는 장면을 원 안에 그리고, 생각이나 느낌을 마인드맵으로 꾸며 보세요.

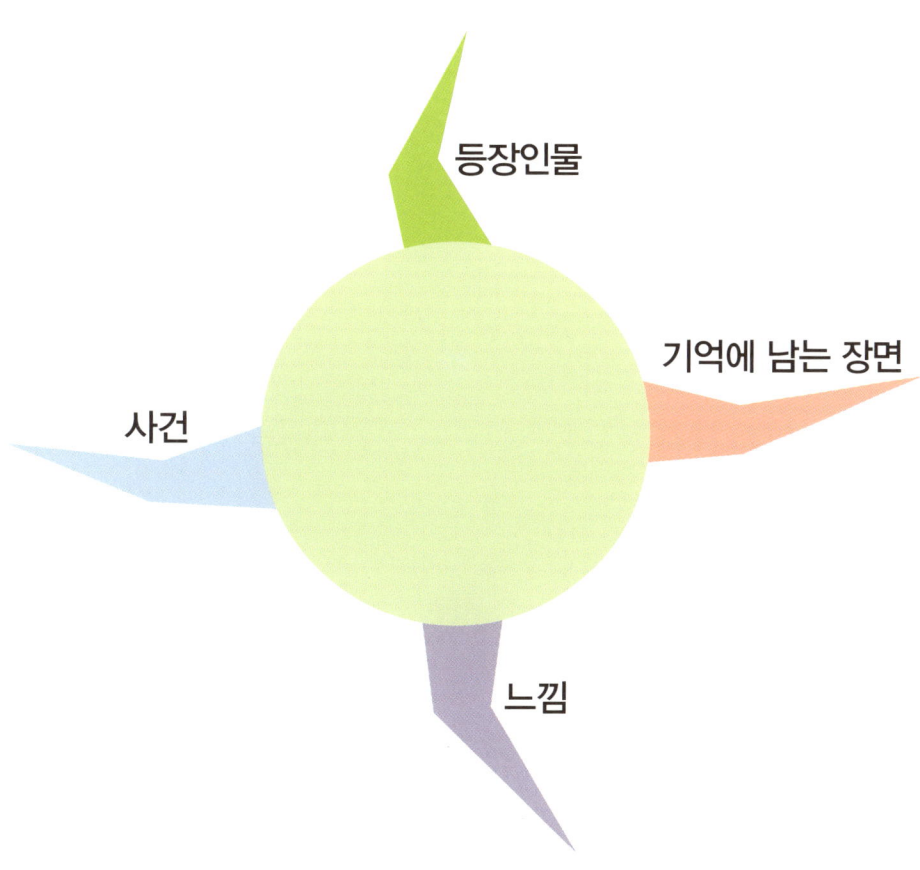

(1) 주인공은 누구인가요?

------

(2) 어떤 장면이 가장 기억에 남나요?

------

(3) 책을 읽고 난 뒤 나의 느낌이나 생각을 한 문장으로 써 보세요.

줄거리와 느낌을 정리해 보아요

1 〈팥죽 할머니와 호랑이〉 이야기를 사건 순서대로 내용을 정리해 볼까요? 그 장면을 보고 생각이나 느낌도 적어 보세요.

그림	사건	생각이나 느낌
	호랑이와 내기에서 진 할머니가 팥을 추수한 다음에 잡아 먹으라고 말한다.	할머니가 꼭 이기기를 바랐지만 져서 속상하다.
	할머니에게 팥죽을 얻어먹은 친구들은 할머니를 구해준다고 약속한다.	상대는 무서운 호랑이인데, 작은 친구들이 어떻게 할머니를 구해줄지 걱정됐다.
	호랑이는 할머니의 친구들에게 혼쭐이 나고 강물에 빠져 죽는다.	
	팥죽 할머니는 친구들과 오래 오래 행복하게 살았다.	

72

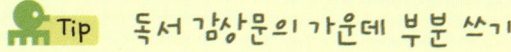 **Tip** 독서 감상문의 가운데 부분 쓰기

- 책의 전체 내용을 요약해서 줄거리를 써요.
- 주인공의 처지가 되어서 생각이나 느낌을 정리해요.
- 감동을 받은 장면이나 재미있고 놀라운 장면을 찾아 써요.

2 요즘에 읽은 책의 줄거리와 생각과 느낌을 써 보세요.

질문	줄거리	내 생각과 느낌
누가 나오는 이야기인가요?		
언제, 어디에서 일어난 일인가요?		
무슨 일이 일어났나요?		
주인공은 어떻게 했나요?		
가장 기억에 남는 장면은 무엇인가요?		
다 읽은 나의 생각과 느낌은 어떤가요?		

생각을 펼쳐요 - 편지글로 독서 감상문을 써요

1. 교과서에 나오는 〈강아지 똥〉을 읽고 주인공에게 격려의 편지를 쓰려고 해요. 내 생각이나 느낌을 써서 편지를 완성해 보세요.

부르는 말	강아지 똥에게
첫인사	안녕? 나는 시흥 초등학교 1학년 2반 송혜리라고 해.
할 말	처음 참새나 흙덩이가 널 더러운 똥이라고 했을 때 사실은 나도 네가 더러운 똥이라고 생각했어. 그래서 울고불고 하는 너를 _____. 더구나 암탉은 찌꺼기밖에 없다고 널 먹지도 않았잖아. 그래서 나도 네가 강아지 똥이라서 _____. 그런데 민들레의 말을 듣고 민들레를 안아 주고, 비를 맞으면서 민들레 속으로 들어갔지. 그러고는 민들레는 _____. 강아지 똥아, 네 도움이 컸어. ------------------------------ ------------------------------ ------------------------------
끝 인사	그럼, 내년에도 노란 민들레 꽃으로 다시 만나자. 안녕!
쓴 날짜	_____ 년 _____ 월 _____ 일
보내는 사람	_____

> **Tip** 독서 감상문의 끝 부분 쓰기
> - 자신의 느낌이나 감동을 정리하고 글을 마무리해요.
> - 전체적인 느낌이나 감동을 정리해요.
> - 작가가 왜 이런 글을 썼는지에 대해 생각해 보고, 그에 대한 자신의 생각을 정리해요.

2 가장 기억에 남는 책의 주인공에게 편지를 쓰려고 해요. 책의 내용을 바탕으로 편지에 들어갈 내용을 정리해 보세요.

처음
- 누구에게 : _____에게
- 첫인사 : 안녕?
  나는 _____초등학교에 다니는 _____라고 해.

가운데
- 가장 감명 깊었던 장면 :
  _____
  _____
  _____
- 주인공에게 하고 싶은 말 :
  _____
  _____
  _____

끝
- 끝 인사 :
- 쓴 날짜 :
- 보내는 사람 :

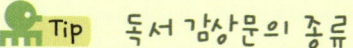 **독서 감상문의 종류**
- **생활문 형식** – 자기의 생활 경험을 중심으로 써 내려가는 방법이에요.
- **편지 형식** – 주인공이나 작가에게 편지글로 써 보는 방법이에요.
- **시 형식** – 책을 읽고 난 뒤 느낌이나 생각을 시로 자유롭게 쓰는 방법이에요.
- **그림 형식** – 책을 읽고 가장 기억에 남는 장면을 그림으로 그리는 방법이에요.

 기억에 남는 책의 주인공에게 편지 형식의 독서 감상문을 써 보세요.

_____ 에게

첫인사 _____

할 말 _____

_____

_____

_____

_____

_____

_____

끝 인사 _____

쓴 날짜 _____

쓴 사람 _____

쓰마랑 함께하는 멋진 명언

여러분의 좌우명은 무엇인가요? 명언은 우리의 선조나 지식인들이 교훈과 지혜를 주기 위해 남긴 짧은 말이랍니다. 어려운 일이 있을 때 명언을 보면서 자신을 되돌아보기도 해요. 많은 사람들이 알고 있는 명언에는 어떤 것들이 있을까요?

- **인내는 쓰다, 그러나 열매는 달다.**
  열심히 노력하면 좋은 결과를 얻을 수 있다는 뜻입니다.

- **행복하기 때문에 웃는 것이 아니라 웃기 때문에 행복해지는 것이다.**
  항상 먼저 웃고 긍정적으로 생각하면 행복해진다는 뜻입니다.

- **성공한 사람이 되려 하지 말고 가치 있는 사람이 되려고 하라.** – 아인슈타인
  성공, 1등을 좇기보다 먼저 세상에 필요한 사람이 되라는 뜻입니다.

- **우정이란, 이해받는 데 있는 것이 아니라 이해해 주는 데 있다.** – 아리스토텔레스
  친구라면 자신을 이해해 주기 바라기 전에, 먼저 친구를 이해해 주어야 한다는 뜻입니다.

- **높이 올라 멀리 보라.**
  눈앞의 이익만 찾지 말고 세상을 넓고 멀리 내다보라는 뜻입니다.

이런 명언들 외에도, 끼가 넘치는 재미있는 가훈들도 있답니다.

- **포기란 배추를 셀 때나 하는 말이다.**
  어떤 상황에서든 포기하지 말자는 뜻이에요.

- **우주 정복**
  큰 꿈을 가지라는 말이에요.

멋진 명언들이 참 많죠? 친구와 얘기할 때 또는 편지를 쓸 때 명언을 예로 들어 말하는 것도 좋을 거예요. 또 자신만의 명언을 받들어 액자로 만들어 보세요. 보기만 해도 기분 좋고 힘이 되는 나만의 명언이 될 수 있답니다.

생각동화 하마의 선택

하늘을 날겠다는 야무진 꿈을 가진 하마가 있었습니다.
'나는 꼭 새들처럼 하늘을 날고 말 거야!
그래서 그 기분이 어떤 건지 꼭 알고 싶어.'
하마는 하늘을 나는 방법을 알고자,
그 방법을 알 만한 동물들을 물어물어 찾아다녔습니다.

그러나 하마의 이야기를 듣고 난 동물들은 다들 고개를 가로저으며
말렸습니다. 끝으로 만난 독수리는 숫제 비웃기까지 하였습니다.
"아주 돌았군. 토끼라면 또 몰라, 몸무게도 엄청 나가는 주제에……."
하마는 그 말을 듣는 순간 귀가 솔깃해졌습니다.
'그래 맞아! 몸무게를 줄이는 거야.'

하마는 그날부터 단식에 들어갔습니다.
맛있는 풀과 과일들이 코끝을 간질이며 유혹했지만,
하마는 두 눈을 꼭 감고 견뎌 냈습니다.
이윽고 하마는 단식을 끝내고 산을 오르기 시작하였습니다.
산을 오르는 하마는 어찌나 말랐던지,
그 불룩하던 배가 바람 빠진 풍선처럼 홀쭉해져 있었습니다.

마침내 하마는 산 정상에 우뚝 섰습니다.
그리고 심호흡을 크게 하고는 밑을 굽어보았습니다.
밑은 까마득히 멀었습니다. 그러자 하마는 더럭 겁이 났습니다.

'나는 단식을 했지만 토끼보다는 훨씬 큰걸.'
'아니야, 그렇지만 여기서 뛰어내리면
최소한 바닥에 떨어질 때까지 만이라도
하늘을 나는 기분을 맛볼 수는 있겠지?'

하마는 해 질 무렵이 되어서야 고심 끝에 선택을 하였습니다.
헛된꿈을 버리고 산을 내려가는 하마의 얼굴에는 아름다운
노을빛이 비추고 있었습니다.

이 인

쓰마와 꼭 알아야 할 틀리기 쉬운 우리말

어디에나 비슷한 말들이 있어요. 비슷한 말들은 비슷한 뜻을 가지고 있기도 하지만, 완전히 다른 뜻이라서 바꾸어 쓰면 곤란한 경우도 있어요. 어떤 단어들이 우리를 헷갈리게 하고, 또 어떤 상황에 맞는 것인지 한번 살펴볼까요?

- **마치다** : 어떤 일이나 과정이 끝나다. 예) 일을 마치면 식당으로 와라.
- **맞히다** : 맞게 하다. 문제에 옳은 답을 하다. 예) 화살을 목표물에 맞히다. / 정답을 맞히다.

- **바치다** : 무엇을 위하여 아낌없이 내놓거나 쓰다. 예) 사랑을 위해 목숨을 바치다.
- **받치다** : 어떤 물건의 밑이나 안에 다른 물체를 대다. 예) 공책에 책받침을 받치고 쓴다.

- **이따가** : 조금 지난 뒤에 예) 이따가 갈게.
- **있다가** : 어느 곳에서 머물다가. 예) 비가 그칠 때까지 여기에 있다가 가자.

- **잊다** : 한번 알았던 것을 기억하지 못하다. 예) 본 지 오래된 영화라서 제목을 잊었다.
- **잃다** : 가졌던 물건이 없어지다. 예) 복잡한 시장 거리에서 지갑을 잃었다.

- **일절** : '아주, 전혀, 절대로'의 뜻. 부사. 예) 그는 가족에 관한 이야기를 일절 하지 않았다.
- **일체** : 모든 것. 명사. 예) 이 가게는 음료 종류 일체를 갖추고 있다.

- **작다** : 길이, 넓이, 부피 등이 비교 대상이나 보통보다 덜하다. 예) 그는 키가 작다
- **적다** : 수효나 분량, 정도가 일정한 기준에 미치지 못하다. 예) 수입이 적다.

- **좇다** : 목표, 이상, 행복 등을 추구하다. 남의 말이나 뜻을 따르다. 예) 명예를 좇는 젊은이
- **쫓다** : 어떤 대상의 뒤를 따라가다. 예) 어머니는 아들을 쫓아 방에 들어갔다.

> **잠깐** '작다'와 '적다'처럼 비슷한 뜻의 비슷한 단어도 있지만, '마치다'와 '맞히다'처럼 뜻이 크게 다른 단어들은 잘못 사용하면 문장의 뜻을 바꾸어 버릴 수도 있답니다. 헷갈리는 단어가 있다면 정확한 뜻을 알아보고 사용하는 버릇을 가지면 그런 실수를 하지 않겠지요?

제목이 뭐였더라?
잊다!
잃다!